콤므와 식스틴을 위해,
그리고 그 아이들과 함께 나누는 온갖 감정들을 위해.

나의 첫 건강 교실 12 감정

왜 두려움을 느낄까

초판 1쇄 인쇄 | 2008년 11월 1일
초판 1쇄 발행 | 2008년 11월 5일

지은이 | 프랑수아즈 라스투앵-포주롱
그린이 | 벵자맹 쇼
옮긴이 | 이효숙

펴낸이 | 양철우   펴낸곳 | (주)교학사   등록일 | 1962년 6월 26일 제18-7호
주　소 | 서울특별시 마포구 공덕동 105-67
전　화 | 편집부 (02)7075-328 · 영업부 (02)7075-156   팩스 | (02)7075-330
홈페이지 | www.kyohak.co.kr
편　집 | 김인애, 김길선, 김효성
디자인 | 투피피

이 도서의 국립중앙도서관 출판시도서목록(CIP)은 e-CIP 홈페이지(http://www.nl.go.kr/cip.php)에서
이용하실 수 있습니다. (CIP제어번호 : CIP 2008002916)

ISBN 978-89-09-14361-5
ISBN 978-89-09-14622-7 (세트)

LES ÉMOTIONS
by Françoise Rastoin-Faugeron

Copyright ⓒ 2006 by Éditions NATHAN / VUEF - Paris, France
Korean Translation Copyright ⓒ 2008 by KYOHAKSA

This Korean edition is published under license from Éditions NATHAN.

이 책의 한국어판 저작권은 Éditions NATHAN과의 독점 계약으로 (주)교학사에 있습니다.
저작권법에 의해 한국 내에서 보호를 받는 저작물이므로 무단 전재와 무단 복제를 금합니다.

나의 첫 건강 교실 12 감정

왜 두려움을 느낄까

프랑수아즈 라스투앵-포주롱 글 | 벵자맹 쇼 그림
이효숙 옮김

교학사

펴내는 글

어린이들은 궁금한 게 참 많습니다. 당장 무엇이든 질문해 보라고 하면 푸른 하늘 너머에는 무엇이 있는지, 왜 나는 이렇게 생겼는지, 왜 우리 집에는 외계인이 안 오는지, 수백 가지도 넘는 질문들을 단숨에 쏟아 낼 것입니다. 하지만 그 중에서 가장 궁금한 것을 골라 보라고 하면 아마도 '우리 몸'과 관련된 질문이 아닐까요?

왜 우리는 밥을 먹고 잠을 자야 할까? 왜 몸을 깨끗이 씻고 병에 걸리지 않도록 조심해야 할까? 우리는 어떻게 보고 듣고 느낄까? 아기는 어떻게 해서 생겨날까? 어떻게 하면 환경을 보호할 수 있을까? 학교는 왜 가야 할까? 왜 운동을 해야 할까?

이런 질문들이 중요한 까닭은, 나의 몸을 제대로 이해하는 것이 세상을 이해하기 위한 첫걸음이기 때문입니다. 또, 나의 몸을 건강하게 돌보는 것이 세상을 건강하게 만들기 위한 첫 번째 조건이기 때문입니다. 더 나아가 나를 둘러싼 세상을 올바르게 아는 것은 나와 우리 가족, 나의 친구들이 건강하게 살아가기 위해 꼭 필요한 일이겠지요.

　'나의 첫 건강 교실'은 어린이들이 자신의 몸과 자신을 둘러싼 세상에 대해 갖는 다양한 궁금증을 풀어 주기 위해 만들어진 시리즈입니다. 건강을 지키기 위해서 꼭 해야 할 일들과, 우리 몸과 우리를 둘러싼 세상에 대해 꼭 알고 있어야 할 일들을 한 권 한 권에 쏙쏙 담아, 보다 건강하고 행복하게 살기 위한 지혜를 일러 줍니다.

　어린 시절의 건강이 평생 건강의 밑바탕이 된다는 점에서, 그리고 어린 시절의 올바른 행동과 습관이 평생을 좌우한다는 점에서 '나의 첫 건강 교실'은 자라나는 어린이들에게 꼭 필요한 책입니다.

　건강한 몸에 건강한 정신이 깃든다는 말은 정말정말 참말이랍니다!

소아과 의사 *프랑수아즈 라스투앵-포주롱*

8

차례

기쁨은 왜 즐겁고 좋을까?	12~13
왜 화를 낼까?	14~15
질투란 무엇일까?	16~17
수줍음은 어떻게 이겨 낼 수 있을까?	18~19
왜 두려움을 느낄까?	20~21
긍지는 우리를 더 강하게 만들어 준다!	22~23
슬프면 왜 울까?	24~25
사랑이 최고야!	26~27
놀이 공원에서	28~29
어려운 낱말들 (책 속의 진한 글씨들)	30~31

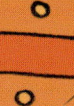

일요일 아침, 레미와 릴루는 아주 일찍 일어났어요.
오래 전부터 가고 싶어했던 '감정의 왕국'이란 놀이 공원에
가는 날이었거든요! 아빠가 소리 높이 외쳤어요.
"얘들아, 가자!"
"기다려요! 내 왕관 모자 좀 쓰고요."
릴루가 말했어요.

놀이 공원 입구에는 재미있는 그림들이 그려져 있었어요.
레미와 릴루는 그림들을 보며 몹시 즐거워했어요.
"이것 좀 봐! 네가 화낼 때랑 똑같이 생겼어!"
레미가 릴루에게 말했어요.
"오빠랑 더 비슷해! 여기 있는 이 웃는 얼굴이 나야!"
릴루가 웃고 있는 그림을 가리키며 대꾸했어요.

그러자 엄마가 말했어요.
"너희들이 지금 보고 있는 그림들은 여러 가지 감정들을 표현해 놓은 거란다!"
"우리는 오늘 여러 감정들을 느끼게 될 거야!"
아빠가 놀이 공원 안으로 들어가면서 덧붙였어요.

레미와 릴루는 트램펄린 위에서 펄쩍펄쩍 뛰며
마음껏 웃고 소리질렀어요. 정말 재미있었어요!
"우아, 신난다! 하늘까지 닿을 것만 같아."
릴루가 소리쳤어요.
"높이 올라가니까 좋으냐?"
아빠가 웃으며 물었어요. 모두 다 즐거워했어요.

기쁨은 왜 즐겁고 좋을까?

네가 기뻐할 때면 네 몸과 머릿속도
편안함을 느낀단다.
뇌가 즐거운 신호를 받았기 때문이야.

사진은 우리에게 행복했던 순간들을
떠올리게 하여 행복한 **느낌**을 갖게 해 주지.

웃음은 병이 낫도록 도와 주기도 해.
그래서 병원에서는 어릿광대를 초청하여
아픈 어린이들을 웃게 만들어 준다.

나는 기어다닐 때가 제일 행복해!

아주 작고 하찮은 일이라 해도
행복을 느낄 수 있단다.

언제 가장 행복하니?

– 초콜릿 과자를 먹을 때?

– 친구들과 놀 때?

– 만화 영화를 볼 때?

– 엄마가 껴안아 줄 때?

14

"애들아! 다른 아이들이 기다리고 있으니 이제 그만 내려오렴."
관리인 아저씨가 말했어요.
아이들은 한 명씩 트램펄린에서 내려왔어요.
하지만 릴루는 좀더 뛰어놀고 싶었어요.
"릴루, 너도 이제 내려와야 한단다."
엄마가 말했어요.
릴루는 몹시 못마땅했어요.
그래서 화를 냈지요.

왜 화를 낼까?

아주 어릴 때는 자신이 원하는 것을 왜 가질 수 없는지 잘 이해하지 못한단다. 그래서 발버둥치며 마구 화를 내는 거야.

그런데 좀더 자라면 네가 화났다는 것을 몸짓으로 표현하는 대신 말로 설명할 수 있어.

사람은 누구나 화를 낼 수 있단다.
어른이나 아이나 똑같이 느끼는 **감정**이니까.

혼자만 먹다니, 너무해!

화를 내는 이유는 많단다.
억울한 일도
그 이유들 중의 하나야.

화가 났을 때 기분풀이를 하기 위한 작은 비법들

분노 쿠션
화가 날 때 쓰는 쿠션.
화가 날 때마다 이 쿠션을
공중에 던지거나 막 때린다.

분노 상자
뚜껑을 열고서 상자 안에다
하고 싶은 욕을 마구 해댄다.
너무 꽉 찼다 싶으면……
비워 버린다!

레미와 릴루는 기념품 가게에서 선물을 하나씩 고르고 있었어요.
"찾았다! 이게 바로 내가 갖고 싶었던 거야!"
릴루가 난쟁이 인형을 들고서 소리쳤어요.
"나도 그 인형이 갖고 싶었는데……."
레미가 말했어요. 하지만 난쟁이 인형은 하나밖에 없었어요.
그래서 레미는 좀 질투가 났어요.

질투란 무엇일까?

질투란, 자기에게 없는 것을 다른 사람이 갖고 있을 때 그 사람을 부러워하며 샘내는 것을 말한단다.

형제 자매들 사이에서도 엄마 아빠의 사랑을 독차지하기 위해 서로 질투를 하게 되지. 그런 것을 가리켜 **경쟁심**을 갖는다고 한단다.

질투를 표현하는 방법은 많아. 말다툼을 하거나 뿌루퉁하게 있을 수도 있어. 하지만 가장 좋은 방법은 왜 질투를 하는지 설명해 주는 거야.

이제 눈 내 공이야!

뭔가에 대해 질투가 난다고 해도 다른 사람의 것을 빼앗아서는 안 돼.

그거 알고 있니?

1. 우리는 질투를 할 권리가 있다.
   네. / 아니요.

2. 질투를 할 때면 다른 사람과 치고받으며 싸워도 된다.
   네. / 아니요.

3. 질투를 하면 불행해진다.
   네. / 아니요.

답: 1. 네. 2. 아니요. 3. 네.

18

좀더 가다 보니, 마술사 아저씨가 놀라운 마술을 보여 주고 있었어요.
"수리수리 마수리, 얍!"
주문을 외우자, 어디선가 작은 토끼 한 마리가 나타났어요.
"이건 세상에 단 하나밖에 없는 마술이란다! 너, 나 좀 도와 주겠니?"
마술사 아저씨가 레미를 가리키며 말했어요.
레미는 마술사 아저씨를 돕고 싶었지만,
수줍음을 많이 타서 그냥 자기 자리에 있기로 했어요.

수줍음은 어떻게 이겨 낼 수 있을까?

19

우리는 잘 모르는 사람 앞에서 수줍어하게 되는데, 그것은 정상적인 일이란다.

수줍음을 많이 타면 다른 사람들과 함께 있는 것이 편하지가 않아. 자신감이 없기 때문이지.

수줍음 때문에 더 발전하지 못할 수도 있단다.

넌 누구니?

모르는 사람과 인사하는 게 때때로 어렵긴 해.

수줍음을 이겨 내는 비결

- 자기가 할 줄 아는 모든 것들에 대해 곰곰이 생각해 본다. 스스로 더 강하다고 느낄 수 있게 해 준다.
- 다른 사람들의 시선에 익숙해지기 위해 공연 활동에 참여한다.
- 친구를 사귀기 위해 여럿이 함께 하는 운동 경기를 한다.

용의 동굴 입구에 도착하자, 릴루는 겁이 났어요.
"이리 와! 이건 가짜 용이야. 무섭지 않아."
레미가 릴루를 격려했어요.
릴루는 아빠의 손을 꼭 잡고서 몇 발자국 앞으로 나아갔어요.
그런데 그 때, 커다란 용이 갑자기 시뻘건 불을 내뿜지 뭐예요!
"무서워! 나 그냥 갈래."
릴루가 아빠에게 와락 안기며 말했어요.

왜 두려움을 느낄까?

두려움은 너를 보호해 준단다. 위험한 상황에서 도망가든지, 아니면 숨든지 하도록 네 몸을 준비시키기 때문이야.

이야기책은 두려움을 이겨 내도록 도와 준단다. 현실과 **상상**의 세계를 구분하게 해 주거든.

만약 네 마음 속에 두려움이 언제나 가득 차 있다면, **심리 상담사**와 상담해 보는 게 좋아.

살려 줘!

아이나 어른이나 모두 뭔가에 대해 두려움을 느낄 수 있단다.

다음 그림 중에서 두려움을 느끼게 하는 것과 그렇지 않은 것을 가리켜 보렴.

22

조금 뒤, 릴루는 용의 동굴에 다시 한 번 가 보고 싶어했어요.
"정말로 그 용은 나쁜 용이 아니죠?"
릴루는 아빠에게 몇 번씩이나 물었어요.
"그럼. 그 용은 아주 착한 용이란다."
아빠가 릴루를 안심시켜 주었어요. 그러자 릴루는 단단히 결심을 한 듯 성큼성큼 동굴 안으로 들어갔어요.
"봤지! 나는 이제 조금도 안 무서워."
릴루는 레미에게 자랑스럽게 말했어요.

긍지는 우리를 더 강하게 만들어 준다!

23

뭔가를 해내고 난 뒤에는 네 자신이 자랑스럽게 느껴지지? 그런 것을 가리켜 '긍지'라고 해. 긍지는 네게 용기를 불어넣고 힘을 준단다.

네 자신에 대해 긍지를 가지려면 다른 사람들의 격려가 필요해.

긍지의 반대는 수치심이란다. 기분 나쁜 감정들 가운데 하나지.

나는 발이 세 개인 게 자랑스러워!

우리는 각자 자기가 자랑스럽게 여기는 장점들을 가지고 있단다.

다음 중에서 자신을 자랑스럽게 여길 수 없는 아이는?

답: 끝에 싸우는 아이.

레미와 릴루는 여러 가지 감정들을 느낀 뒤, 롤러코스터를 타러 갔어요.
"저것 좀 봐. 열차가 내리막길에서는 더 빨리 달리네!"
레미가 신이 나서 말했어요.
"정말 재미있겠다!"
릴루도 좋아라 소리쳤어요. 그 때, 엄마가 안내문을 읽어 주었어요.
"'7세 미만은 탈 수 없음.'"
릴루는 실망해서 그만 '으앙' 울음을 터뜨리고 말았어요.

슬프면 왜 울까?

왜 슬프면 울게 되는지 정확히는 알 수 없단다. 하지만 울고 나면 슬픈 감정이 누그러진다는 것은 모두 알고 있지.

슬플 때는 누군가에게 위로받을 필요가 있어.

슬픔도 감정의 한 가지란다. 그런데 슬픈 감정은 보통 그리 오래 가지 않아. 자기가 좋아하는 뭔가를 하면 기분이 곧 나아지거든.

내 금붕어가 죽었어!

사랑하는 사람이나 좋아하는 것을 잃으면 슬퍼지는 게 당연해.

슬플 때는 어떻게 하니?

- 소리내어 운다.

- 혼자 구석진 곳에 가만히 있는다.

- 다른 사람에게 왜 슬픈지 얘기한다.

아빠와 엄마는 릴루를 위로해 주려고 아이스 크림을 사 주었어요.
엄마 아빠는 아이들을 다정하게 바라보았어요.
아빠는 동생 쥘리에트를 무릎에 앉혔지요.
"우리 다섯 식구가 함께 있으니까 정말 좋구나!"
아빠가 흐뭇해하며 말했어요.
"우리는 서로 사랑하니까요!"
릴루와 레미가 환하게 웃으며 한 목소리로 말했어요.

사랑이 최고야!

네가 태어난 날부터
엄마 아빠는 네가 잘 자라도록
날마다 사랑으로 보살피고 있단다.

너 역시 엄마 아빠에게 여러 가지 방법으로 사랑을 전해.
뽀뽀도 하고, 작은 선물도 하고, 열심히 공부해서 점점
성적이 나아지는 것으로 말이야.

사랑은 아주 강한 느낌이야.
우리는 모두 서로 사랑하고
사랑받아야 해.

나는 사랑받는 게 좋아.

놀이 공원에서

놀이 공원에서는 많은 감정을 느끼게 된단다.
그림을 보며 네가 느꼈던 감정들을 떠올려 보면 재미있을 거야

어려운 낱말들

책 속에 진한 글씨로 쓰인 낱말들이 여기에 풀이되어 있단다.

뇌
머릿속에 있으면서 우리 몸에 명령을 내리는 곳. 감정의 중심지이기도 해서, 뇌에서 생겨난 감정들은 몸 전체에서 효과를 낸다.

감정
뇌와 우리 몸이 어떤 현상에 대해 반응하는 것. 심장이 더 빨리 뛰기도 하고, 배가 아프기도 하고, 몸이 떨리기도 하고, 눈물이 나기도 하고, 얼굴이 빨개지기도 하고, 창백해지기도 한다. 감정이란 바로 삶이다!

상상
머릿속으로 만들어 낸 것. 실제로는 존재하지 않는다.

심리 상담사
사람의 느낌과 감정에 관한 전문가. 우리의 생각과 행동을 이해하기 위해서는 때로 심리 상담사의 도움이 필요하다.

경쟁심
서로 앞서거나 이기려고 겨루는 마음. 형제 자매들 사이에서도 엄마 아빠의 사랑을 독차지하거나 좋은 것을 혼자 갖고 싶어서 경쟁심이 생긴다. 하지만 서서히 나눠 갖는 법을 배우게 된다.

느낌
어떤 감정을 느낄 때, 그 감정은 오래 지속되지 않는다. 그렇지만 감정은 더 오래 남는 느낌으로 바뀔 수 있다. 그래서 기쁨이 행복으로 변화될 수 있는 것이다.

프랑수아즈 라스투앵-포주롱 글
프랑스의 소아과 의사입니다. 일간 신문을 비롯한 다양한 매체에서
어린이 건강 교육 전문가로 활동하고 있습니다. 의사이자 어머니, 그리고 할머니로서
자신이 쌓아 온 경험을 바탕으로, 놀이를 통한 어린이 건강 교육에 힘을 쏟고 있습니다.

벵자맹 쇼 그림
프랑스 오트잘프에서 태어나, 스트라스부르 고등장식 미술학교를 졸업했습니다.
지금은 마르세유에서 어린이를 위한 그림을 그리고 있습니다.
그린 책으로 〈포멜로가 사랑에 빠졌어〉, 〈슬픈 피콜로〉, 〈우리 몸 아틀라스〉 등이 있습니다.

이효숙 옮김
연세대학교 불어불문학과를 졸업하였고, 파리 소르본 대학에서 불문학 석사와
박사 학위를 받았습니다. 지금은 연세대학교에서 강의를 하며, 번역 활동도 함께 하고 있습니다.
옮긴 책으로는 〈없는 아이〉, 〈내겐 너무 예쁜 선생님〉, 〈로즈버드〉,
〈너랑 친구하고 싶어〉 등이 있습니다.